Inhalt

Grüne Gentechnik - Fluch oder Segen für die Landwirtschaft

Kernthesen

Beitrag

Fallbeispiele

Zahlen und Fakten

Weiterführende Literatur

Impressum

Grüne Gentechnik - Fluch oder Segen für die Landwirtschaft

Autor GENIOS BranchenWissen: X.Huber

Kernthesen

- Weltweit werden in 21 Ländern auf 90 Millionen Hektar genveränderte Produkte angebaut.
- Seit 2004 gibt es in Europa eine Kennzeichnungspflicht von genveränderten Lebensmitteln, keine Kennzeichnungspflicht besteht allerdings für Produkte aus Tieren, die mit gentechnisch veränderten Futtermitteln gefüttert wurden.
- Im Jahre 2005 erfolgte erstmals ein Erprobungsanbau von genveränderten Mais in Deutschland und 2006 wird sich die Anbaufläche wieder erhöhen.

- Ein Haftungsfond für Gentechnik ist in Deutschland bereits im Gespräch.

Beitrag

Gentechnik wird in Deutschland kritischer diskutiert als in vielen anderen Staaten der Welt. Die Furcht vor Risiken, die mit dem Einsatz von gentechnischen Methoden verbunden sein könnten, ist insbesondere auch in der Landwirtschaft groß. Trotz allem wird sich 2006 der genveränderte Maisanbau in Deutschland wieder erhöhen.

Gentechnik in der Landwirtschaft

Gentechnik in der Landwirtschaft bedeutet die Veränderung der genetischen Grundlagen von Tieren oder Pflanzen. Die Gentechnik wird derzeit in Deutschland allerdings hauptsächlich in der Pflanzenzüchtung angewandt, zum Beispiel um Resistenzen gegen bestimmte Schädlinge zu erreichen oder um eine längere Lagerfähigkeit zu gewährleisten. Die Furcht vor Risiken, die mit dem Einsatz von gentechnischen Methoden verbunden sein könnten, ist nach wie vor groß. Vor allem im Zusammenhang mit der Freisetzung gentechnisch veränderter Pflanzen und bezüglich gesundheitlicher Risiken, die vielleicht durch Verzehr entstehen könnten, gibt es Diskussionen. (3)

Grüne Gentechnik auf dem Weltmarkt

Auch noch zehn Jahre nach Beginn des kommerziellen Anbaus gentechnisch veränderter Pflanzen in den USA wird über deren Gefährlichkeit diskutiert. Seit 1996 ist die globale Anbaufläche um mehr als das 50-fache gewachsen, von 1,7 Millionen Hektar in sechs Ländern auf nun im Jahre 2005 90 Millionen Hektar in 21 Ländern. Den größten Anteil daran haben die USA, Kanada, Brasilien und Argentinien. Die meisten gentechnisch veränderten Pflanzensorten sind Soja, Raps, Chicoree, Mais und Baumwolle. (1), (4), [Abb.1]

Die Anbauflächen des gentechnisch veränderten Maises haben sich auch rapide verändert. Die meisten Sorten werden als Futtermais verwendet. Ein großer Teil der Produktion wird bereits nach Europa exportiert. (1), [Abb.2]

Genveränderte Pflanzen in der Europäischen Union

Spanien, Frankreich, Portugal, die Tschechische Republik und Deutschland sind die fünf Länder in Europa in denen genveränderter Mais angebaut wird. Es handelt sich dabei um verschiedene Maissorten. Den weitaus größten Anteil daran trägt Spanien. In Deutschland erfolgte 2005 erstmals ein Probeanbau. Rund 0,5 Prozent der gesamten Maisanbaufläche in Europa ist damit mit genveränderten Mais bepflanzt. (2), [Abb.3]

Die größten Anbauflächen in Deutschland befinden sich in Brandenburg. Für das Jahr 2006 haben 39 Landwirte und Institute aus Brandenburg gemeldet, dass sie ca. 800 Hektar mit genveränderten Pflanzen anbauen wollen. Auch in Mecklenburg-Vorpommern gibt es für 360 Hektar schon Anträge und Sachsen wird in diesem Jahr auf knapp 270 Hektar Genmaisanbau kommen. In Deutschland wird sich somit 2006 der genveränderte Maisanbau weiter erhöhen.

Was unterscheidet die Gentechnik von klassischen

Züchtungsmethoden

Seit Jahrtausenden werden Pflanzen und Tiere miteinander gekreuzt, ausgewählt und weitergezüchtet. Im Mittelpunkt der traditionellen Züchtung steht die Kreuzung verwandter Arten miteinander. Dabei werden die Erbanlagen der Elternpflanzen gezielt gemischt. Gewünschte Kombinationen werden von Züchtern aussortiert und weiter vermehrt. Seit Anfang der 70er Jahre hat man begonnen die Erbinformationen für einzelne gewünschte Eigenschaften aus dem Erbgut zu isolieren und in Pflanzen gezielt einzusetzen, ohne bestehende Eigenschaften zu verändern. Anders als bei der klassischen Züchtung funktioniert das mit Hilfe der Gentechnik nicht nur bei derselben Art, sondern auch über Artgrenzen hinweg. Erbinformationen aus Bakterien oder Insekten können zum Beispiel in Pflanzen übertragen werden. Das eröffnet natürlich völlig neue Perspektiven, so dass die Gentechnik in der Pflanzenproduktion erheblich auf dem Vormarsch ist. (3)

Europa muss sich für die grüne Gentechnik öffnen

Gegen die Einfuhrbeschränkungen von gentechnisch veränderten Produkten in Europa haben die Vereinigten Staaten sowie Argentinien und Kanada vor fast drei Jahren eine Klage bei der Welthandelsorganisation (WTO) eingereicht. Die WTO hat der Klage der Vereinigten Staaten weitgehend stattgegeben. Dies hatte aber keine großen Auswirkungen mehr, da Europa schon 2004 die gesetzlichen Grundlagen dahingehend geändert hat. Die Kommission betonte deshalb, dass die überarbeitete Regelung aus dem Jahre 2004 für die Zulassung genveränderter Güter in Europa keine weitere Überarbeitung erfordert. (5)

In Europa gilt seit April 2004 eine Kennzeichnungspflicht. Diese besagt, dass unabhängig davon, ob gentechnisch veränderte Bestandteile im Endprodukt nachgewiesen werden können, Lebensmittel und Futtermittel, die gentechnisch veränderte Organismen enthalten, aus ihnen bestehen oder hergestellt wurden, EU-weit gekennzeichnet werden müssen. Keine Kennzeichnungspflicht besteht allerdings für Produkte aus Tieren, die mit gentechnisch veränderten Futtermitteln gefüttert wurden.

Seit der Einführung der Kennzeichnungspflicht hat die EU auch die Einfuhr von gentechnisch veränderten Gütern zugelassen. Bezüglich weiterhin bestehender nationaler Verbote beziehen sich die Länder auf eine in der Regelung verankerte Schutzklausel der EU. Sie erlaubt es den Ländern Produkte trotz Zulassung der EU zu verbieten, wenn sie ihrer Ansicht nach eine Gefahr für die Umwelt oder die Gesundheit darstellen. Die EU-Kommission hat die Länder allerdings aufgefordert, diese nationalen Gentechnik Verbote noch aufzuheben. Nachdem die Produkte dann alle gekennzeichnet sind, kann der Verbraucher sich hoffentlich sicher entscheiden, welches Produkt er kaufen will. (5), (6)

Die Regelung der Koexistenz von Anbau mit und ohne gentechnisch veränderten Pflanzen in Deutschland

Das Nebeneinander von konventionellen und gentechnisch veränderten Pflanzungen sorgt noch für Unstimmigkeiten bei den Landwirten und bei der Bevölkerung. Es gibt hierzu eine nationale Regelung in Deutschland. In dieser Regelung ist zurzeit festgeschrieben, dass Bauern, die genveränderte Pflanzen anpflanzen, gemeinsam haften, wenn eine gentechnisch freie Pflanzung beeinträchtigt wird. Dies könnte zum Beispiel durch Pollenflug passieren.

(2)
Diese kollektive Haftung stößt allerdings auf Widerstand. Es wird gefordert, dass es einheitliche Regelungen für die Mindestabstände zwischen den Feldern und die sorgsame Trennung von gentechnisch veränderter und konventioneller Ware in der gesamten Vermarktungskette geben soll. So sollen Vermischungen verhindert werden. Solange es diese Regeln noch nicht gibt, ist auch die Haftung schwierig zu regeln, zumal der Beschädigte die Beweislast trägt.

Die deutsche Biotechnologie Branche wirbt bereits um Unterstützung für Gentechnik Haftungsfonds. Die Versicherungen wären unter Umständen bereit zu kooperieren, wenn die oben angesprochenen Regelungen umgesetzt würden. Auch die Pflanzenzüchter wollen klare Regelungen haben, die sich gut in die Praxis umsetzen lassen. Die Gentechniklandwirte sollten dann Zahlungen in einen Ausgleichfond leisten. Die deutsche Biotechnologie Branche wäre bereit hier eine Anschubfinanzierung zu leisten. (7)

Fallbeispiele

Geteilte Ansichten zum Thema Gentechnik bei den Landwirten

Die Gentechnik löst bei Landwirten verschiedene Reaktionen aus. Dieses spiegelt sich dann auch bei den Unternehmen wieder. Die meisten Landwirte hoffen, ihre konventionell angebauten Pflanzen bzw. die ökologisch angebauten Pflanzen lassen sich besser verkaufen, da der Verbraucher keine genveränderten Produkt wünscht. Andere Landwirte hingegen setzen auf gentechnisch veränderten Anbau, weil sie meinen, das ist die Zukunft und sie können damit Kosten sparen.

Babynahrungshersteller ist gegen Gentechnik

Für ökologische Landwirtschaft setzt sich der Unternehmer Claus Hipp schon ein, als kaum jemand diesen Begriff kannte. Auf eigenem Hof begannen die Hipps bereits 1956 Obst und Gemüse auf naturbelassene Böden und ohne Chemie anzubauen. Claus Hipp ist sogar schon tendenziell gegen konventionelle Landwirtschaft und erst recht gegen Gentechnik. Hipp ist der Ansicht, man darf in das Ordnungsprinzip der Schöpfung nicht eingreifen. Er lehnt gentechnisch veränderten Lebensmitteln kompromisslos ab und droht sogar mit Betriebsverlagerung. (8)

Die KWS-Saat AG hofft auf die Gentechnik

Durch die Reform der EU-Zuckermarktverordnung erwartet die KWS AG einen Produktionsrückgang von ca. 20%. Für einen Ausgleich sollen verstärkt internationale Aktivitäten, das Maisgeschäft und mittelfristig das Energiesaatgeschäft sorgen. Hoffnung schöpft die KWS AG vor allem aus der Gentechnik und aus der Entwicklung leistungsfähiger Energiepflanzen. Noch haben Firmen in Deutschland Nachteile in der Pflanzenforschung gegenüber der Situation in der USA, aber die KWS-Saat AG hofft, dass sich die Bedingungen in Deutschland noch mehr verändern werden, vor allem auch im Bereich der Gentechnik. (9)

Zahlen & Fakten

Weltweite Anbauflächen mit gentechnisch veränderten Pflanzen

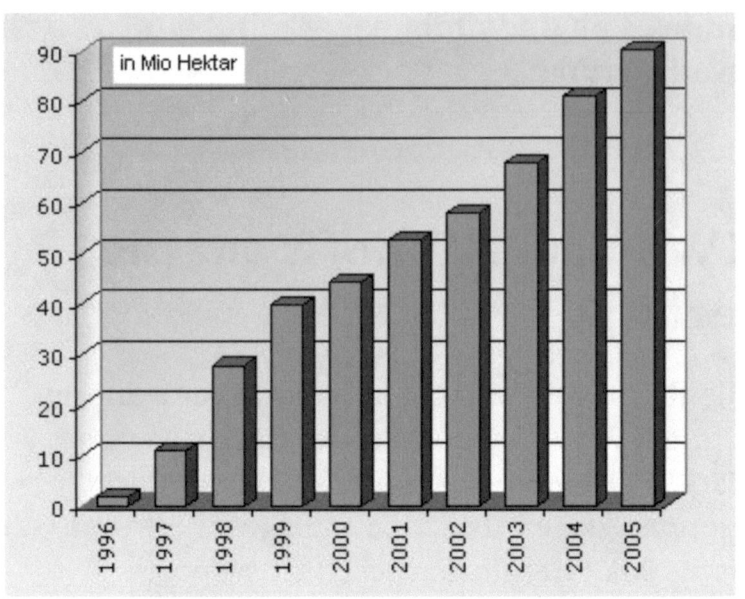

Quelle: The International Service for the Acquisition of Agri-biotech Applications (ISAAA)

Entnommen aus:
www.transgen.de/gentechnik/pflanzenanbau

Maisanbau genveränderter Sorten weltweit

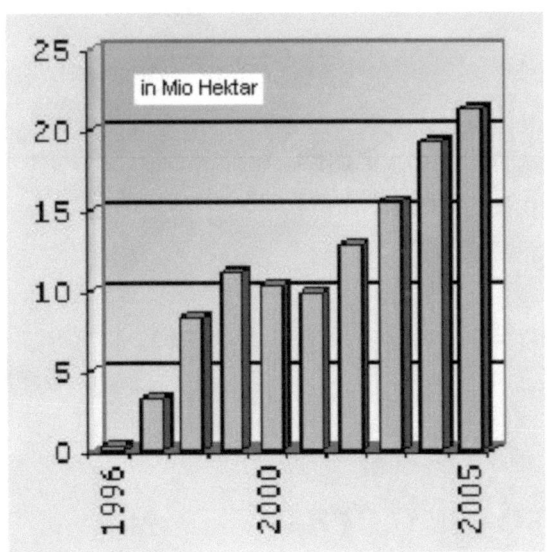

Quelle: The International Service for the Acquisition of Agri-biotech Applications (ISAAA)

Entnommen aus:
www.transgen.de/gentechnik/pflanzenanbau

Genveränderter Maisanbau in der Europäischen Union

Land	Hektar
Spanien	48.000
Frankreich	500
Portugal	750
Tschechien	150
Deutschland*	350

*Probeanbau

Quelle: The International Service for the Acquisition of Agri-biotech Applications (ISAAA)

Entnommen aus:
www.transgen.de/gentechnik/pflanzenanbau

Weiterführende Literatur

(1) Gen-Pflanzen versprechen hohe Erträge zu geringen Kosten. Die EU prüft die Zulassung entsprechender Zuckerrüben, Raps und Kartoffeln. Beim deutschen Verbraucher überwiegt die Skepsis Zukunftsfrüchte Gen-Pflanzen haben über Futtermittel den Weg in die menschliche Nahrung gefunden - Anbaufläche wächst
aus DIE WELT, 17.01.2006, Nr. 14, S. 12

(2) O.V., GV-Pfanzen in der EU Anbau in fünf Ländern, TransGen Wissenschaftskommunikation, 27.01.2006
aus DIE WELT, 17.01.2006, Nr. 14, S. 12

(3) O.V., Grüne Gentechnik, Deutscher Bauernverband, Bereich Konkret, 2005
aus DIE WELT, 17.01.2006, Nr. 14, S. 12

(4) Gentechnik: Die Saat geht nur sehr langsam auf
WTO-Bericht: Gentechnik-Barrieren kosten US-Wirtschaft 300 Millionen Dollar jährlich - der EU ist das vorerst egal
aus WirtschaftsBlatt, 09.02.2006, Nr. 2550, S. 4

(5) WTO kritisiert die Gentechnikzulassung in Europa
aus Frankfurter Allgemeine Zeitung, 09.02.2006, Nr. 34, S. 12

(6) Die WTO trifft einen Schiedsspruch zur Gentechnik
aus Frankfurter Allgemeine Zeitung, 07.02.2006, Nr. 32, S. 11

(7) Gentechnik-Unternehmen wollen Haftungsfonds
aus Frankfurter Allgemeine Zeitung, 26.01.2006, Nr. 22, S. 14

(8) Patenonkel ehrenhalber Für ökologische Landwirtschaft setzte sich der Unternehmer schon ein, als kaum jemand diesen Begriff kannte. Heute ist er Marktführer bei Babykost - selbst Erwachsene löffeln seine Gläschen
aus Financial Times Deutschland vom 10.02.2006, Seite 32

(9) KWS Saat strebt in den SDax Aktiensplit im Verhältnis von 1 : 10 - Fantasie durch Gentechnik und Biogas
aus Börsen-Zeitung, 19.01.2006, Nummer 13, Seite 10

Impressum

Grüne Gentechnik - Fluch oder Segen für die Landwirtschaft

Bibliografische Information der deutschen Nationalbibliothek

Die Deutsche Nationalbibliothek verzeichnet diese Publikation in der deutschen Nationalbibliografie; detaillierte bibliografische Daten sind im Internet über http://dnb.d-nb.de abrufbar.

ISBN: 978-3-7379-2729-1

© 2015 GBI-Genios Deutsche Wirtschaftsdatenbank GmbH, Freischützstraße 96, 81927 München, www.genios.de

Alle Rechte vorbehalten. Dieses Werk ist einschließlich aller seiner Teile – z.B. Texte, Tabellen und Grafiken - urheberrechtlich geschützt. Jede Verwertung außerhalb der Grenzen des Urheberrechtsgesetzes bedarf der vorherigen Zustimmung des Verlags. Dies gilt insbesondere auch für auszugsweise Nachdrucke, fotomechanische Vervielfältigungen (Fotokopie/Mikroskopie), Übersetzungen, Auswertungen durch Datenbanken oder ähnliche Einrichtungen und die Einspeicherung und Verarbeitung in elektronischen Systemen.